여론 조사를 믿어도 될까?

PEUT-ON CROIRE LES SONDAGES?

by Gilles Dowek

민음 바칼로레아 011

여론 조사를
믿어도 될까?

질 도웩 ┃ 박영훈 감수 ┃ 김성희 옮김

민음in

차례

질문 : 여론 조사를 믿어도 될까?

요즘 사람들이 가장 관심을 갖는 것은 무엇일까? 가장 존경하는 인물은 누구일까? 가장 즐겨보는 텔레비전 프로그램은 어떤 것일까? 10대들은 어떤 연예인을 가장 좋아할까? 국민들이 가장 지지하는 정당은 어디일까? 대선 후보들 중에서 당선이 가장 유력한 인물은 누구일까?

이처럼 우리는 사회적 · 문화적 · 정치적 이슈에 관한 사람들의 의견이 어떠할지 궁금해한다. 그래서 전화나 인터넷 등을 통해 다양한 설문 조사와 앙케트를 실시해 사람들의 의견을 알아내고 싶어 한다.

심지어 공장에서도 신제품을 출시하기에 앞서 완성된 제품의 품질을 테스트하기 위해 제품 중 일부를 무작위로 골라서 표본 조사*를 실시한다.

무엇보다도 많은 사람들의 호기심을 불러일으키는 것은 선거철이 되면 늘 신문 지상이나 뉴스 보도를 통해 접하게 되는 여론 조사*이다. 그런데 여론 조사는 가장 맹렬한 비판의 표적이 되기도 한다. 선거 전에 실시되는 여론 조사의 경우, 결과에 따라 맞다고 적극적으로 지지하는 사람들과, 이와는 정반대로 터무니없는 결과라며 인정할 수 없다는 사람들로 극명하게 나뉜다. 여론 조사 결과를 지지하든지 반대하든지 간에 양측은 모두 각각 자신의 입장에 대해 이러저런 할 말이 있다.

여론 조사 결과에 만족한 사람들은 여론 조사를 거의 선거와 똑같은 것으로 여긴다. 반면 그 결과에 불만이 있는 사람들

● ● ●

표본 조사 어떤 집단의 특성을 파악하고자 할 때, 그 집단의 일부를 조사함으로써 집단 전체의 특성을 추정하는 방법이다. 표본 조사와 대비되는 방법으로 집단에 속하는 사례 전부를 조사하는 '전수 조사(全數調査)'가 있다. 하지만 전수 조사가 불가능할 경우나, 전수 조사가 가능하더라도 비용이나 시간 등이 너무 많이 들경우 표본 조사를 선호한다. 오늘날 통계 조사나 여론 조사는 거의 대부분 표본 조사를 선택하고 있다.

여론 조사 국가나 사회의 여러 가지 문제에 대해 한 사회 성원이 지니고 있는 의견이나 경향 등을 밝히려는 목적으로 실시하는 통계 조사이다. 대통령 선거 결과를 사전에 예측하는 모의 투표가 여론 조사의 시초가 되었으며, 오늘날과 같은 형태의 여론 조사가 실시된 것은 20세기 초 언론 기관에 의해서이다.

은 그저 점쟁이나 역술가의 예언 같은 것으로 취급한다.

또한 여론 조사를 믿지 않는 사람들은 응답자의 수가 너무 적은 것을 들어 따지고, 여론 조사를 믿는 사람들은 신뢰 구간과 큰수의 법칙[*]을 내세운다. 다시 말해, 여론 조사를 비판하는 사람들은 응답자들이 과연 모집단[*]을 대표할 만한 표본이 되는지, 또 그들이 진실을 말한 것인지에 대해 의문을 제기한다. 반면에 여론 조사를 지지하는 사람들은 그런 오류를 범할 수 있는 여지는 미연에 방지되어 있다고 응수한다.

이 책은 여론 조사에 대해 찬성하거나 반대하기 위한 것이 아니다. 다만 학교에서 배우는 수학적 개념만으로도 여론 조사를 둘러싸고 벌어질 수 있는 여러 논쟁들을 명쾌하게 풀 수 있

● ● ●

큰수의 법칙 경험적 확률과 수학적 확률의 관계를 나타내는 수학적 정리(定理)로 '대수의 법칙'이라고도 한다. n개의 사건 중에서 성질 A를 가지는 것이 r개 있으면, $\frac{r}{n}$은 A가 일어나는 비율로 생각할 수 있는데, 관찰하는 횟수 n을 크게 함에 따라 $\frac{r}{n}$은 일정한 값 p에 한없이 가까워진다. 예컨대, 개개인의 수명은 서로 달라 누가 몇 살에 죽을지는 불분명하나, 많은 사람에 대해서 장기간에 걸친 통계를 살펴보면 인간의 평균 수명이나 각 연령층의 사망자 비율은 거의 일정한 값에 가까워지는 것을 알 수 있다. 큰수의 법칙은 통계에서 나타나는 규칙성의 근거가 된다.
모집단 통계적인 관찰이나 조사의 대상이 되는 집단 전체. 예를 들어 대통령 선거 결과를 예측하기 위한 여론 조사의 경우, 대상 모집단은 그 나라의 유권자 전체가 된다.

음을 보여 주고자 한다.

　수학은 여론 조사에 관한 잘못된 믿음들을 바로잡아 준다. 이를테면 여론 조사에서 응답자 수가 많을수록 여론 조사의 신뢰도가 높을 것이라는 오해 같은 것 말이다.

　수학은 여론 조사가 정확하게 무엇인지 밝혀 주며, 특히 '신뢰 구간'이 무엇을 의미하고 여론 조사에서 말하지 않고 감춰진 것은 무엇인지를 더욱 잘 이해할 수 있도록 도와 준다. 더불어 간혹 응답자 선택에 의해 생길 수 있는 편향과 오차, 또 답변에 들어 있을 수 있는 거짓말을 찾아내고 수정할 수 있도록 한다.

　따라서 이 책은 여론 조사를 열렬하게 지지하는 사람들과 무조건 배척하는 사람들 간의 논쟁에 해결의 실마리를 제공해 줄 뿐만 아니라, '여론 조사를 과연 믿어도 될까?' 하고 의문을 제기하는 이들에게 속 시원한 답을 찾아 줄 것이다.

1

여론 조사를 할 때
몇 명에게 물어봐야 할까?

여론 조사는 선거의 축소판일까?

여론 조사 전문 기관에 리서치를 의뢰하면 대개는 결론을 끌어내기에 앞서 수천 명 정도의 사람들에게 질문을 던진다. 그런데 이러한 여론 조사에 대해 많은 사람들은 불만을 표시한다. 해당 조사 대상자는 수천만 명에 달하는데, 어떻게 그 만분의 일도 안 되는 사람들에게 물어본 결과를 믿을 수 있느냐는 것이다. 다시 말해 이들은 **모집단**의 사람 수가 많으면 많을수록 응답자의 수도 그만큼 더 많아져야 신뢰할 수 있는 결과를 얻을 수 있다고 생각하는 것이다.

하지만 여론 조사 기관이 응답자를 수천 명으로 제한하는 데에는 그럴 만한 이유가 충분히 있다. 여론 조사의 신뢰도는 모집단의 크기가 아니라 응답자의 수에 달려 있기 때문이다.

예컨대, 10,000명의 주민이 살고 있는 도시의 시의회 선거를 앞두고 2,000명에게 의견을 물어보는 것으로 믿을 만한 결과를 얻을 수 있다고 본다면, 인구가 6,000만 명인 나라의 대통령 선거에서도 마찬가지로 2,000명에게만 물어봐도 충분하다. 두 여론 조사는 똑같은 신뢰도를 가지기 때문이다.

그런데 흔히 여론 조사의 신뢰도가 응답자 수와 모집단 크기 사이의 관계에 달려 있다고 잘못 생각하는 이유가 무엇일까?

아마 여론 조사가 선거와 비슷한 성질을 가지고 있다고 착각해서일 것이다. 여론 조사와 선거, 두 경우 모두 여러 사람들에게 똑같은 질문을 던지고 그에 대한 답변을 가지고 통계를 낸다는 데에서 비롯한 오해이다. 그래서 이런 생각을 가진 사람들은 여론 조사 결과가 실제 선거 결과에 최대한 근접하려면, 여론 조사와 선거의 조건이 될 수 있는 한 서로 비슷해야 한다고 생각한다. 다시 말해 여론 조사에서 좀 더 많은 사람들에게 질문해야 한다는 것이다.

그러나 여론 조사에 관해 제대로 이해하기 위해서는 먼저 여론 조사가 선거의 축소판이라는 생각부터 버려야 한다. 선거에서 관건은 투표를 중복으로 하는 사람이 없도록 하는 것이다. 그래서 그런 경우를 막기 위해 선거인 명부와 투표소 명부가 존재한다. 반면 여론 조사에서는 무작위로 응답자를 뽑기 때문에 한 사람이 여러 번 질문을 받는 일이 생길 수 있다. 그리고 그것이 크게 문제가 되지도 않는다. 이와 같이 여론 조사는 선거와는 그 출발점부터 다르다.

여론 조사의 신뢰도는 모집단의 크기에 따라 달라질까?

그런데 모집단의 크기가 여론 조사의 신뢰도에 영향을 미치지 않는 이유는 무엇일까? 간단한 계산을 해 보면 쉽게 이해할 수 있다.

인구 10,000명이 살고 있는 도시가 있다고 하자. 이 도시에서 마리안과 가브로시라는 두 명의 후보가 시장 선거에 출마해서 서로 대결을 벌이고 있다. 주민의 75퍼센트인 7,500명이 마리안을 지지하고, 25퍼센트인 2,500명은 가브로시를 지지하는 상황이다.

우선, 한 여론 조사 기관이 매우 작은 규모로 조사를 실시한다고 가정해 보자. 일단, 단 한 사람에게만 질문을 하는 경우이다.

어떤 한 사람이 무작위로 뽑혔을 경우, 마리안 지지자일 가능성은 4번 중에 3번, 가브로시 지지자일 가능성은 4번 중에 1

번일 것이다. 이를 수학적으로 말하면, 응답자가 마리안 지지
자일 확률은 $\frac{3}{4}$, 가브로시 지지자일 확률은 $\frac{1}{4}$이 된다.

따라서 방금 실시한 미니 여론 조사에 대해 우리는 다음과
같은 결과를 얻을 수 있다.

마리안 지지자 수	가브로시 지지자 수	확률
1	0	$\frac{3}{4}$
0	1	$\frac{1}{4}$

이제 여론 조사 기관에서 조사의 규모를 아주 조금만 더 늘
려 두 사람에게 질문을 한다고 가정해 보자.

첫 번째 사람이 마리안 지지자이고 두 번째 사람이 가브로
시 지지자일 확률은 $\frac{3}{4}$과 $\frac{1}{4}$이라는 두 확률을 곱함으로써 계
산이 되며 그 값은 $\frac{3}{16}$이 된다. 그런 경우가 일어날 가능성이
16번 중에 3번 있다는 얘기다. 마찬가지로, 있을 수 있는 다른
세 가지 답변, 즉 마리안-마리안, 가브로시-마리안, 가브로시
-가브로시가 나올 경우의 확률은 다음과 같다.

첫 번째 응답자	두 번째 응답자	확률
마리안	마리안	$\frac{3}{4} \times \frac{3}{4} = \frac{9}{16}$
마리안	가브로시	$\frac{3}{4} \times \frac{1}{4} = \frac{3}{16}$
가브로시	마리안	$\frac{1}{4} \times \frac{3}{4} = \frac{3}{16}$
가브로시	가브로시	$\frac{1}{4} \times \frac{1}{4} = \frac{1}{16}$

첫 번째 경우는 두 응답자 모두가 마리안 지지자인 상황이고, 마지막 경우는 둘 다 가브로시 지지자인 상황이며, 중간의 두 경우는 마리안 지지자가 한 명, 가브로시 지지자가 한 명인 상황이다. 두 응답자 가운데 각 후보의 지지자가 한 명씩 있을 확률은 중간 두 경우의 확률을 더하면 된다. 따라서 다음과 같은 결과를 얻을 수 있다.

마리안 지지자 수	가브로시 지지자 수	확률
2	0	$\frac{9}{16}$
1	1	$\frac{3}{16} + \frac{3}{16} = \frac{6}{16}$
0	2	$\frac{1}{16}$

일어날 가능성이 각각 16번 중에 9번, 16번 중에 6번, 16번 중에 1번이라는 확률 분포는, 확률 $\frac{3}{4}$과 2명에 대한 이항 분포[*]를 따른 것이다. 오래전부터 알려진 이 법칙은 스위스의 수학자 자코브 베르누이[*]에 의해 체계적으로 연구되었다.

응답자를 2,000명으로 하는 여론 조사에서도 이와 같은 계산을 적용할 수 있다. 이 경우, 계산이 더 어려워지는 것은 아니지만 다소 복잡해지므로 공학 계산기를 사용하는 것이 좋다.

2,000명을 대상으로 여론 조사를 실시할 때 마리안 지지자가 한 명도 없는 경우부터 2,000명인 경우까지 경우의 수가

● ● ●

이항 분포(binomial distribution) 두 가지의 사건만 발생 가능한 경우의 분포를 말한다. 단 여기서 두 가지의 사건은 서로 배반 사건이어야 한다. 하나의 사건이 발생할 확률이 p라고 하면 다른 하나의 사건이 발생할 확률은 반드시 $1-p$가 되어야 한다. 이것을 공식화 해서 설명하면 다음과 같다. 어떤 시행에서 사건 A가 일어날 확률을 p, 일어나지 않을 확률을 q라 하고, n회의 독립 시행에서 사건 A가 일어나는 횟수를 X라 하면 X의 확률 분포는 $P(X=r) = {}_nC_rp^rq^{n-r}$ (단, $p+q=1$, $r=0$, 1, 2, …, n)이다. 이때 확률 변수 X는 이항 분포를 따른다고 하고, 기호로는 $B(n,\ p)$로 나타낸다. 따라서 위의 확률 분포는 어떤 사건이 일어날 확률 $p=\frac{3}{4}$, 시행 횟수 $n=2$인 이항 분포로, $B(2,\ \frac{3}{4})$으로 표기한다. 대표적인 이항 분포로는 동전 던지기, 또는 주사위를 던질 때 2 이하의 눈이 나오는 사건과 같은 경우 등이 있다.

자코브 베르누이(Jakob Bernoulli, 1654~1705) 뉴턴과 함께 미적분학의 창시자로 알려져 있다. 순열과 조합에 관한 이론, 베르누이 수를 이용한 지수 급수와 확률론에 대한 공헌, 진자의 진동 중심에 관한 연구 등으로 유명하다. 대표적인 저서로는 『추론의 기술(*Ars Conjectandi*)』이 있다.

2,001가지 존재한다. 이 2,001가지 가운데 몇 가지는 발생할 가능성이 매우 낮다. 예를 들어, 응답자 2,000명 모두가 가브로시 지지자이기란 거의 불가능한 일이다. 그러한 상황이 일어날 확률은 $(\frac{1}{4})^{2000}=7.6\times10^{-1205}=0.76\times10^{-1204}$이다. 이는 발생 가능성이 1 다음에 0이 1,204개나 붙어 있는 10의 1,204제곱 번 중 1번도 안 된다는 얘기다. 그리고 여론 조사가 정확하게 나온다는 가정 아래 가장 가능성이 큰 결과는 응답자의 75퍼센트에 해당하는 1,500명이 마리안 지지자로 나오는 상황일 것이다. 하지만 이러한 경우도 계산을 해 보면 100번 중에 2번밖에 발생하지 않는다는 것을 알 수 있다.

이처럼 여론 조사가 완벽하게 실제와 똑같을 가능성은 매우 적다. 그러나 우리가 여론 조사를 할 때 실제와 똑같은 결과가 나오기를 기대하는 것은 결코 아니다. 약간의 오차를 허용해 줄 각오는 언제든지 되어 있다. 따라서 여론 조사의 신뢰도를 측정하기 위해서는, 예컨대 '**오차 범위**'가 ±1퍼센트'와 같은 식으로 어디까지 인정할 수 있는지 그 한계를 설정하는 것이

● ● ●

2,000명 중 마리안 지지자가 1500명일 경우의 확률

$${}_{2000}C_{1500}(\frac{3}{4})^{1500}(\frac{1}{4})^{500}=\frac{2000!}{1500!\times500!}(\frac{3}{4})^{1500}(\frac{1}{4})^{500}=0.0206$$

필요하다. 그리고 여론 조사 결과가 정해진 오차 범위 내에서 실제와 같은 결과가 나올 확률을 따져야 한다.

앞에서 예로 든 여론 조사의 경우 오차 범위를 ±1퍼센트로 할 경우, 즉 마리안의 지지율이 74퍼센트에서 76퍼센트 사이에 포함되는 확률, 다시 말해 응답자 가운데 마리안 지지자가 1,480명에서 1,520명 사이에 분포하는 확률을 따져야 한다.

이 확률을 계산하기 위해서는, 응답자 가운데 마리안 지지자의 수가 1,480명, 1,481명, ……, 1,519명, 1,520명인 각각의 경우의 확률을 더해 주기만 하면 된다. 그 결과는 확률 $\frac{71}{100}$ 이다.(이 계산에 관해 좀 더 상세한 내용이 궁금하다면 이 책의 맨 뒤에 있는 부록을 참조하기 바람.) 이 확률의 의미는 여론 조사를 100번 실시할 경우 마리안의 지지율이 74퍼센트에서 76퍼센트 사의의 결과가 나오는 것이 71회 정도라는 뜻이다.

오차 범위를 ±2퍼센트로 정하면, 즉 여론 조사 결과 마리안 지지율이 73퍼센트에서 77퍼센트 사이에 분포될 확률을 계산해 보자. 응답자 가운데 마리안 지지자 수가 1,460명에서

오차 범위(error range) 오차가 발생하는 값의 범위 또는 오차의 최댓값과 최솟값의 차이를 말한다.

1,540명인 각각의 경우의 확률을 더하면 된다. 그러면 그 발생 가능성은 100번 중에 96.4번으로 나타난다. 일반적으로 오차 범위를 정할 때는 여론 조사 결과가 100번 중에 95번이 나오도록 오차 범위의 정확성에 대한 허용 값을 잡는 경우가 많다.

오차 범위를 ±2퍼센트로 잡았을 때 96.4번이 나오므로 이번에는 0.1퍼센트 줄여 ±1.9퍼센트로 잡아 보자. 그러면 여론 조사 결과가 73.1퍼센트에서 76.9퍼센트 사이, 즉 응답자 가운데 마리안을 지지한다고 말한 사람의 수가 1462명에서 1538명 사이에 포함될 가능성이 100번 중에 95번 조금 넘게, 정확히 말하면 100번 중에 95.3번 나온다. 이때 이 여론 조사는 믿을 수 있는 것으로 본다. 왜냐하면 일반적인 기준에서 오차가 ±2퍼센트 이하일 가능성이 100번 중에 95번 이상인 경우, 즉 95퍼센트 이상의 신뢰 수준에 오차 범위는 ±2퍼센트 이하인 경우에 그 여론 조사를 신뢰할 수 있는 것으로 인정하기 때문이다.

그러므로 10,000명의 주민이 사는 도시에서 2,000명을 대상으로 한 그 여론 조사는 신뢰할 만하다고 할 수 있다. 여기까지는 일단 당연하게 보인다.

그렇다면 이번에는 마리안과 가브로시가 대통령 선거에 출마한 상황을 상상해 보자. 이제 선거는 10,000명의 사람들이 사는 도시가 아니라, 6,000만 명의 인구를 가진 나라를 배경으로 진행된다. 역시 국민의 75퍼센트인 4,500만 명이 마리안을 지지하고, 25퍼센트인 1,500만 명은 가브로시를 지지한다고 가정해 보자. 그러면 여론 조사 기관에서 무작위로 한 사람을 뽑았을 때 그 사람이 마리안 지지자일 가능성은 앞의 경우와 마찬가지로 4번 중에 3번, 가브로시 지지자일 가능성은 4번 중에 1번이 된다.

여론 조사 기관이 두 사람에게 질문을 할 경우, 여러 답변에 대한 확률은 다음과 같다.

첫 번째 응답자	두 번째 응답자	확률
마리안	마리안	$\frac{3}{4} \times \frac{3}{4} = \frac{9}{16}$
마리안	가브로시	$\frac{3}{4} \times \frac{1}{4} = \frac{3}{16}$
가브로시	마리안	$\frac{1}{4} \times \frac{3}{4} = \frac{3}{16}$
가브로시	가브로시	$\frac{1}{4} \times \frac{1}{4} = \frac{1}{16}$

역시 앞에서와 마찬가지로, 두 응답자 모두 마리안을 지지할 가능성은 16번 중에 9번, 한 사람만 지지할 가능성은 16번 중에 6번, 가브로시만 지지할 가능성은 16번 중에 1번으로 나온다.

위의 내용에서 확인할 수 있듯이, 두 사람에 대해 실시한 미니 여론 조사에서 나오는 여러 답변의 확률은, 10,000명의 주민이 사는 도시에 대해서든 6,000만 명의 인구를 가진 나라에 대해서든 값이 동일하다.

알고 보면, 확률 계산에 사용된 자료라고는 응답자의 수(두 경우 모두 2명)와, 모집단에서 마리안을 지지하는 사람의 비율과 가브로시를 지지하는 사람의 비율(두 경우 모두 각각 $\frac{3}{4}$ 과 $\frac{1}{4}$)뿐이다. 계산에 쓰인 확률 $\frac{3}{4}$ 이 7,500을 10,000으로 나눠서 나온 것인지, 아니면 4,500만을 6,000만으로 나눠서 나온 것인지는 계산에 넣지 않는다. 따라서 모집단의 크기는 그러한 확률에 영향을 미치지 않는다는 얘기다.

두 사람을 대상으로 한 미니 여론 조사에서 참인 것은 2,000명을 대상으로 한 여론 조사에 대해서도 참이라고 할 수 있다. 왜냐하면 2,000명의 여론 조사에서도 여러 답변의 확률 계산을 위해 사용되는 자료는 응답자의 수와 모집단에서 마리안과 가브로시를 각각 지지하는 사람의 비율이 전부이기 때문이다.

따라서 6,000만 명의 인구를 가진 나라에서 2,000명을 대상으로 한 여론 조사를 한 경우, 10,000명 주민이 사는 도시에서 2,000명을 대상으로 한 여론 조사에서와 마찬가지로, 여론 조사 오차가 ±1.9퍼센트 이하일 가능성, 다시 말해 응답자 가운데 마리안을 지지하는 사람의 비율이 73.1퍼센트에서 76.9퍼센트 사이에 포함될 가능성은 100번 중에 95.3번이 된다. 그러므로 인구가 6,000만 명인 나라에서 2,000명을 대상으로 한 여론 조사는 10,000명 주민의 도시에서 2,000명을 대상으로 한 여론 조사만큼이나 신뢰할 수가 있다.

요컨대, 모집단의 크기는 여론 조사의 신뢰도에 아무런 영향을 미치지 않는다. 중요한 것은 응답자의 수와, 모집단에서 서로 다른 후보를 지지하는 사람들의 비율, 더 일반적으로 말하자면, 측정하고자 하는 것이 모집단에서 어떤 분포를 이루고 있는가 하는 것일 뿐이다.

이러한 추론을 극단적으로 밀고 나갈 수도 있다.

가령, SF 영화에서나 나올 법한 어떤 은하계가 있다고 가정해 보자. 초록색 귀를 가진 생명체들이 셀 수도 없이 많이 살고 있는 그곳은 계속해서 무한히 팽창하고 있다. 이 은하계에서 모든 가족은 4명의 식구로 이루어져 있으며, 각 가정마다 식구 3명은 마리안 공주를 지지하고, 나머지 1명은 가브로시 왕자를 지지하는 상황이다.

그런데 은하계 대표를 뽑는 선거가 있기 전, 여론 조사 기관에서 은하계 주민 2,000명을 대상으로 조사를 실시했다. 이때 조사원이 1명에게 질문을 던질 때마다 그 주민이 마리안 공주

모집단의 크기는 여론 조사의 신뢰도에 아무런 영향을 미치지 않으며,
모집단의 구성원 수가 유한한지 무한한지도 여론 조사의 신뢰도에서는 중요하지 않다.

지지자일 가능성은 4번 중에 3번, 가브로시 왕자 지지자일 가능성은 4번 중에 1번이 된다.

이 경우에도 앞에서처럼 여론 조사 오차가 ±1.9퍼센트 이하일 가능성, 즉 응답한 생명체 가운데 마리안 공주를 지지하는 이들의 비율이 73.1퍼센트에서 76.9퍼센트 사이에 포함될 가능성은 100번 중에 95.3번이다. 모집단의 크기만 상관없는 게 아니라, 그 모집단 구성원의 수가 유한한지 무한한지 역시 중요하지 않다는 얘기다.

따라서 대통령 선거든 은하계 대표 선거든 선거 전 여론 조사 기관에서 수천 명에게 물어보는 데 그친다고 해서 화를 낼 필요는 없다. 여론 조사를 신뢰할 수 있는 것은 여론 조사가 선거와 비슷한 성질을 가지고 있다는 사실 때문이 아니라 **큰수의 법칙**에 근거하기 때문이다.

발생 확률이 p인 어떤 사건에 대해 여러 번 반복 시행할 때, 시행 횟수가 늘어날수록 그 사건이 발생하는 경우의 비율은 큰수의 법칙에 따라 p에 가까워지게 된다. 따라서 시행 횟수를 수천 번 정도 하면 그 비율은 이미 p에 근접해 있을 가능성이 크므로 더 이상의 테스트는 무의미하다.

응답자의 수는 모집단의 크기에 비례해서 정해야 할까?

반면 수십 명을 대상으로 한 여론 조사는 불신할 만한 충분한 이유가 있다. 모집단의 크기가 아주 작은 경우라고 해도 예외가 아니다.

예를 들어, 대통령 선거에 회의를 느낀 마리안과 가브로시가 고향으로 돌아가 지역 발전에 여생을 바치기로 결심하고 인구 100명인 마을의 이장 선거에 출마했다고 가정해 보자.

마을 사람 중 75명은 마리안을 지지하고, 25명은 가브로시를 지지하는 상황이다. 이때 여론 조사 기관이 무작위로 추출한 60명에게 질문을 던졌다. 물론 한 사람이 여러 번 응답할 수도 있는 상황이다.

앞에서 했던 신뢰도 계산에서 2,000명을 60명으로 바꾸어 다시 계산을 해 보면, 여론 조사 결과가 ±1.9퍼센트 오차 범위 내에서 75퍼센트일 가능성, 즉 응답자 가운데 마리안을 지지하는 사람이 73.1퍼센트에서 76.9퍼센트에 해당하는 44명에서 46명 사이로 나올 가능성은 100번 중에 34.5번밖에 되지 않는다.

이때 여론 조사가 오차 범위 내에서 정확하게 나올 가능성을 100번 중에 95번이 넘도록 만들려면 그 오차 범위를 ±11

퍼센트까지 늘려야만 한다.

다시 말해 100명의 주민이 사는 마을에서 60명을 대상으로 한 여론 조사가 인구 6,000만 명인 나라에서 2,000명을 대상으로 한 여론 조사보다 훨씬 더 신뢰할 수 없다는 얘기다.

이제 우리는 모집단의 사람 수가 많을수록 여론 조사에서 응답자의 수도 많아야 신뢰할 수 있는 결과를 얻을 수 있다거나, 여론 조사의 신뢰도가 모집단의 크기에 영향을 받을 것이라는 잘못된 믿음에서 벗어날 수 있게 되었다. 이처럼 얼핏 빠지기 쉬운 오해를 물리치고 놀라운 현상에 눈을 뜨게 하는 것, 바로 이것이 수학의 역할이다.

2

여론 조사의 **신뢰도**를 측정할 수 있을까?

여론 조사는 왜 신뢰 구간을 표시해야 할까?

우리는 앞에서 여론 조사의 신뢰도가 모집단의 크기에 달려 있지 않다는 사실을 확인했다. 그러나 모든 여론 조사가 동일한 신뢰도를 가지는 것은 아니다. 따라서 어떤 여론 조사의 결과를 발표할 때는 그 신뢰도에 대한 평가도 함께 제공해야 한다. 그렇지 못할 경우 그 정보는 어떠한 의미도 가질 수 없다.

요컨대, 여론 조사의 결과를 제시할 때는 반드시 **신뢰 구간**을 함께 표시해야만 한다. 이는 두 가지 요소로 표시되는데, 결과가 나타나는 범위가 그 하나이고, 결과가 그 범위에 나타날 확률이 다른 하나이다.

어떤 여론 조사에서 결과가 75퍼센트이며, 95퍼센트 신뢰 수준에 오차 범위는 ±2퍼센트라는 식으로 발표했다. 이때 그 여론 조사는 결과가 73퍼센트에서 77퍼센트까지의 범위에서 나올 가능성이 100번 중에 95번이라는 것이다. 이제 그러한 숫자들이 의미하는 것이 무엇인지 알아보자.

여론 조사로 무엇을 계산할 수 있을까?

앞에서 우리는 어떤 도시나 나라에서 2,000명에게 질문을 했을 때 오차가 ±1.9퍼센트 이하일 가능성이 100번 중에 95번 나온다는 계산을 했다. 그리고 그 여론 조사는 믿을 수 있는 것이라고 결론을 내렸다.

그 계산에서 우리는 모집단 내에 마리안을 지지하는 사람이 75퍼센트가 있다는 사실을 사용했다. 이번에는 마리안 지지자가 겨우 50퍼센트밖에 되지 않는다고 가정해 보자. 이 경우 신뢰 수준을 95퍼센트에 맞추려면 여론 조사의 오차 범위를 ±2.2퍼센트로 늘려야 한다. 아니면 95퍼센트 신뢰 수준에 오차 범위 ±2퍼센트를 회복하기 위해서는 응답자의 수를 2,400명으로 늘려야 한다.

이처럼 모집단에서 마리안을 지지하는 사람들의 비율을 여러 값으로 두고 그 각각에 대한 신뢰도를 계산할 수 있다. 아울러 여론 조사의 오차가 오차 범위 이하일 가능성이 100번 중에 95번 이상 나오도록 하기 위해서 허용해야 하는 그 오차 범위도 구할 수 있다. 다음 도표는 2,000명을 대상으로 한 여론 조사의 경우에 나올 수 있는 몇 가지 결과들이다.

모집단에서 마리안 지지자의 비율이 아래와 같을 경우	여론 조사 결과가 아래 범위 내에 해당될 가능성이 100번 중에 95번일 경우	오차가 다음 수치 이하일 가능성이 100번 중에 95번일 경우
50%	47.8~52.2%	±2.2%
60%	57.85~62.15%	±2.15%
70%	68~72%	±2%
73%	71.05~74.95%	±1.95%
73.1%	71.15~75.05%	±1.95%
74%	**72.1~75.9%**	**±1.9%**
75%	73.1~76.9%	±1.9%
76.8%	74.95~78.65%	±1.85%
76.9%	75.05~78.75%	±1.85%
80%	78.25~81.75%	±1.75%

따라서 2,000명을 대상으로 한 여론 조사는, 모집단에서 마리안을 지지하는 사람의 비율이 75퍼센트인 경우라면 오차가 ±2퍼센트 이하일 가능성이 100번 중에 95번 이상이므로 신뢰할 수 있다. 하지만 그 비율이 50퍼센트일 경우에는 그렇지 않다.

그러므로 여론 조사가 믿을 수 있는 것인지를 알기 위해서는 먼저 모집단에서 마리안 지지자의 비율을 알아야만 한다. 그런데 문제는 그 비율을 알면 여론 조사를 할 필요가 없다는 것이다. 그 비율을 알기 위해서 하는 게 여론 조사 아닌가?

모집단에서 마리안을 지지하는 사람의 정확한 비율은 모른다고 하더라도 거기에 대한 막연한 개념만 있다면, 이를테면 그 비율이 70퍼센트에서 80퍼센트 사이에 들어가는 것으로 가정할 수 있다면 그와 같은 난관을 빠져나갈 수 있다. 이 경우 오차가 ±2퍼센트 이하일 가능성이 100번 중에 95번 이상이 되고, 따라서 여론 조사도 믿을 수 있는 것이 된다.

그렇지만 지금까지 우리가 했던 것처럼 모든 모집단에 대해서 마리안 지지자 비율이 알려져 있다고 가정하고, 따라서 여론 조사 결과가 어느 일정 범위 안에 들어갈 확률을 계산하면서 여론 조사의 신뢰도를 계산하는 방식을 항상 적용하기에는 뭔가 난처한 부분이 있다. 모집단에서 마리안 지지자의 비율은 모르고, 여론 조사의 결과만 알고 있을 경우가 있기 때문이다. 모집단에서 지지자의 비율을 미리 알고 여론 조사 결과의 신뢰도를 계산하는 것보다는, 그 반대의 경우인 여론 조사의 결과를 사용해서 모집단에서 지지자의 비율이 어느 일정 범위에 들어갈 확률을 계산해 내는 쪽이 훨씬 더 흥미롭다. 하지만 그런 계산이 가능할까?

2,000명을 대상으로 한 여론 조사에서 마리안 지지자가 1,500명, 가브로시 지지지가 500명이라는 결과가 나왔다고 해 보자. 다시 말해 응답자 가운데 마리안 지지자가 75퍼센트에 해당한다는 결과가 나왔을 때, 그 사실로부터 오차가 ±1.9퍼센트 이하일 가능성, 즉 모든 모집단에서 마리안의 지지자 비율이 73.1퍼센트에서 76.9퍼센트 사이에 들어갈 가능성이 100번 중에 95번 이상이라는 것을 추론할 수 있을까?

아쉽게도 대답은 '아니오.' 이다.

모집단에서 지지자의 비율을 중심으로 해서 어느 일정 범위에 여론 조사 결과가 들어갈 확률을 계산하는 경우, 그러한 계산에서부터 여론 조사 결과를 중심으로 어느 일정 범위에 모집단에서 지지자의 비율이 들어갈 확률에 대한 결론을 간단하게 끌어낼 수는 없다. 게다가 모집단에서 지지자의 비율이 어느 일정 범위에 들어갈 확률은 계산 자체가 불가능하다. 여론 조사 결과를 알고 있을 때조차도 말이다.

결과를 가지고 원인의 확률을 정확하게 찾아낼 수 있을까?

영국의 수학자 토머스 베이즈*가 내놓은 정리에 따르면 그러한 계산은 불가능하다. 베이즈는 '원인'이라고 부를 수 있는 사건과 '결과'라고 부를 수 있는 사건의 확률을 연관시켜 이론화했다.

앞의 예에서는 모집단에서 마리안 지지자의 비율이 '원인'이 되고, 여론 조사의 수치가 '결과'가 된다. 원인과 결과로 이루어진 가장 간단한 예는 질병과 증상이다. 즉 질병이 원인, 증상이 결과에 해당한다. 감기 바이러스가 열을 유발하는 것이지, 열이 감기 바이러스의 출현을 유발하는 건 아니기 때문이다.

일반적으로 원인이 발생했거나 발생하지 않았을 때 그 결과가 발생할 확률은 어렵잖게 계산할 수 있다. 가령, 감기가 걸린 사람의 90퍼센트가 열이 나고, 열의 원인으로는 다른 것들도

● ● ●

토머스 베이즈(Thomas Bayes, 1702~1761) 미래에 어떤 일이 일어날 확률은 과거에 같은 일이 발생한 빈도수를 알면 계산할 수 있다는 것을 이론화한 수학자. 여기서 말하는 정리란 '베이즈의 정리'라고 불리는 것으로, 간단하게 말하면 주어진 사전 확률과 추가된 정보를 가지고 사후 확률을 구하는 것이다.

있을 수 있으므로 감기에 걸리지 않은 사람의 5퍼센트가 열이 난다고 하자. 그렇다면 감기에 걸렸을 때 열이 날 확률은 $c=\dfrac{90}{100}$ 이 되며, 감기에 걸리지 않았을 때 열이 날 확률은 $d=\dfrac{5}{100}$ 가 된다.

이제, 열이 나는 환자를 치료하려는 지킬 박사가 있다고 상상해 보자.

지킬 박사가 해야 할 일은 환자가 감기에 걸렸는지 아닌지를 알아내는 것이다. 의사의 임무는 증상에서 질병으로, 즉 결과에서 원인으로 거슬러 올라가는 것이다. 물론 다른 질병에서는 결코 나타나지 않는 특별한 증상을 보이는 경우가 아니라면, 의사는 자신의 환자가 어떤 병에 걸렸다고 확신할 수 있는 방법은 없다. 그렇기 때문에 의사는 확률을 따져 보게 된다.

이때 의사에게 주어지는 문제는 이렇게 말할 수 있을 것이다. '감기에 걸린 사람이 열이 날 가능성은 100번 중에 90번이고, 감기에 걸리지 않은 사람이 열이 날 가능성은 100번 중에 5번일 때, 열이 나고 있는 하이드 씨가 감기에 걸렸을 확률은 얼마일까?' 베이즈의 정리에 따르면, 그와 같은 질문은 의미가 없다는 것을 알 수 있다. 즉 그런 확률은 계산이 불가능하다는 얘기다.

그 이유를 알아내는 일은 그다지 어렵지 않다. 문제의 상황이 일어난 시기가 초겨울이고, 또 마을에 감기가 유행하고 있다는 것을 의사가 알고 있다면, 우선 감기에 걸렸는지부터 의심할 것이다. 그러나 그때가 한여름일 경우에는 일사병 같은 다른 병일 가능성에 더 비중을 둘 것이다.

따라서 하이드 씨가 감기에 걸렸을 확률은 그가 감기에 걸렸을 **사전 확률**(선험적 확률), 다시 말해 사람들이 하이드 씨가 열이 난다는 사실을 알기 전에 그가 감기에 걸렸다고 생각할 수 있을 확률에 달려 있다. 그러한 사전 확률은 감기에 걸린 것을 선험적으로 예측할 수 있는 초겨울인지, 아니면 감기에 걸렸다고 그다지 선험적으로 예측하기 힘든 한여름인지에 따라 달라진다.

그와 같은 사전 확률을 p라고 둔다면, 하이드 씨가 감기에 걸렸을 **사후 확률**(경험적 확률), 즉 열이 난다는 사실을 알고 난 후에 감기에 걸렸다고 생각할 수 있을 확률은 베이즈의 정리에 따라 다음처럼 계산된다. 여기서 c는 앞에서 나왔던 대로 감기에 걸렸을 때 열이 날 확률이고, d는 감기에 걸리지 않았을 때 열이 날 확률이다.

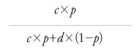

$$\frac{c \times p}{c \times p + d \times (1-p)}$$

이 정리를 어떻게 증명할 수 있는가 하는 것은 여기서 다루지 않을 것이다. 대신 그것을 어떻게 활용할 수 있는지를 살펴보기로 하자. 만일 마을 사람 $\frac{1}{4}$이 감기에 걸렸다면 확률 p는 $\frac{1}{4}$이 되므로, 하이드 씨의 열이 감기 때문일 확률은 다음과 같다.

$$\frac{\frac{90}{100} \times \frac{1}{4}}{\frac{90}{100} \times \frac{1}{4} + \frac{5}{100} \times (1-\frac{1}{4})} = \frac{86}{100}$$

즉 100번 중에 86번의 가능성이 있다는 얘기다. 이번에는 1000명 중 한 사람만 감기에 걸렸다고 해 보자. 그러면 확률 p는 $\frac{1}{1000}$이 되므로 열이 감기 때문일 확률은 다음과 같다.

$$\frac{\frac{90}{100} \times \frac{1}{1000}}{\frac{90}{100} \times \frac{1}{1000} + \frac{5}{100} \times (1-\frac{1}{1000})} = \frac{1.8}{100}$$

즉 가능성이 100번 중에 2번이 채 되지 않는다는 말이다.

또한 두 가지 극단적인 경우도 있다. 하이드 씨가 감기에 걸리지 않았다고 선험적으로 확신할 수 있다면, 그가 감기에 걸렸을 사전 확률은 0이고, 사후 확률도 0이 된다. 반대로, 하이드 씨가 감기에 걸렸다고 선험적으로 확신할 수 있다면, 그가 감기에 걸렸을 사전 확률은 1이고, 사후 확률 역시 1이 된다.

의사가 진단을 내릴 때 사전 확률을 염두에 둔다는 사실을 보여 주는 매우 구체적인 사례가 있다.

1969년, 유럽의 어느 공항 가까이에 살던 사람이 병에 걸렸다. 의사들은 그 환자의 진단을 내리는 데 몹시 애를 먹었다. 하지만 사실은 아주 흔한 병이었고, 의사들도 모두 알고 있는 병으로 다른 상황에서라면 금방 알아보았을 것이다. 바로 말라리아였던 것이다. 말라리아가 유럽에서는 처음으로 발생한 사례였는데, 그 환자는 말라리아 감염 지역으로부터 비행기를 타고 이동한 모기에 의해 감염된 모양이었다.

하지만 유럽은 선험적으로 볼 때 말라리아 감염 지역이 아니었고, 또 환자가 열대 지방을 여행한 적도 없었다. 그래서 의사들은 말라리아의 가능성은 배제시킨 채 좀 더 가능성이 높은 다른 추측들에 치중했던 것이다.

그 후 의사들은 공항 근처에 사는 환자가 일정한 증상을 보일 경우 말라리아일 가능성 역시 체계적으로 검토하게 되었다. 말라리아라는 질병에 대한 사전 확률이 바뀌었다는 얘기다.

사전 확률을 모르고서는 계산할 수 없는 확률의 또 다른 전형적인 예는, 주사위를 3번 던져서 3번 연속 6이 나왔을 때 속

임수가 개입됐을 확률이다. 이 확률은 그 상황이 전문적인 카지노에서 이루어지는지, 아니면 우연히 들른 술집 도박판에서 이루어지는지에 따라 달라진다.

사전 확률이 없을 경우에는 '열이 나는 환자가 감기에 걸렸을 확률은 얼마인가?' 나 '주사위가 3번 연속 6이 나왔을 때 속임수가 있었을 확률은 얼마인가?' 와 같은 질문들은 의미가 없다. 즉 사전 확률이 없으면 어떤 결과가 발생했을 때 그 원인이 있었을 확률이 얼마인지를 묻는 질문은 의미가 없다.

그런데 안타깝게도 사전 확률을 추정하기 매우 어려운 경우도 있다. 특히, 완전히 새로운 상황에 부딪혔을 때가 그러하다.

예를 들어, 굶주린 탐험 대원들이 버섯을 발견했다고 치자. 그런데 그 버섯은 어떤 버섯 도감에서도 본 적이 없을 뿐만 아니라 도감에 나와 있는 종과도 닮은 데라고는 전혀 없는 새로운 종이다. 따라서 그 버섯을 식용이라고 생각할 수 있는 근거나 식용이 아니라고 생각할 수 있는 근거는 어디에도 없다. 그리고 식용일 확률을 매겨 볼 만한 근거도 없다. 만일 탐험 대원 중 3명이 버섯을 먹고 아무렇지 않았다고 하더라도, 그 사실을 근거로 버섯이 식용이라고 결론지을 수는 없다. 사실 90퍼센트 치사율을 가진 버섯인데, 그 탐험 대원들은 운이 아주 좋아서 멀쩡했을 수도 있기 때문이다. 게다가 사전 확률이 없는 이상

탐험 중에 발견한 난생 처음 보는 버섯을 먹고 탈이 나지 않았다고 해서
그 버섯이 식용이라고 할 수 있는 근거는 어디에도 없다.

그 버섯이 식용일 확률을 매겨 볼 수조차 없다. '3명의 탐험 대원이 먹고 멀쩡했을 때 그 버섯이 식용일 확률은 얼마인가?'라고 질문할 수는 없다는 말이다.

이러한 문제는 학문적인 연구에서부터 위험 관리 전략은 물론 여론 조사 이론에까지 많은 영향을 미친다. 학문적인 차원에서 3명의 탐험 대원이 버섯을 먹고 아무렇지도 않았다는 관찰 사실로부터 그 버섯이 식용이라고 결론 내리는 추론인 '귀납법'을 적용할 수도 있다. 하지만 이 추론 방식 역시 정확한 것은 아니다. 4번째 탐험 대원이 버섯을 먹자마자 중독되어 죽을 수도 있기 때문이다. 결론적으로 베이즈의 정리에서 우리는 이미 귀납적인 추론은 가능하다 하더라도 귀납법에 의해 세운 가설에 확률을 부여할 수는 없다는 사실을 알았다.

위험 관리 전략이라는 차원에서 이 문제는 '예방 원리'라고 부르는 것과 관련이 있다. 버섯이 식용인지 확실하지 않을 경우에는, 다시 말해 식용일 가능성이 100번 중에 99.99번 이상이라는 것이 확실하지 않으면 그 버섯을 먹지 말아야 한다는 원리가 있다. 그런데 베이즈의 정리에 비추어 보자면 이 막연한 '예방 원리'는 의미를 갖기가 어렵다. 왜냐하면 새로운 상황에서는 그런 확률 자체를 가늠해 볼 수 없기 때문이다.

살아가면서 위험한 일을 피할 수 없을 때가 많다. 게다가 그

위험 정도가 얼마나 클지 모르는 상황이라 해도 위험한 일을 감행해야 할 때가 있다. 처한 상황이 새로운 것이 아닌 경우라고 해도 경험적인 관찰 사실에서부터 출발해서 확률을 계산할 수 있을지 분명하지는 않다. 상황이 더 이상 새롭지 않은 순간 확률에 대한 최초 추정을 해야 하는데, 사전 확률이 없을 수밖에 없는 상태인 만큼 그 첫 번째 계산을 어떻게 해결할 것인지가 다시 논쟁의 대상이 되기 때문이다.

그럼 이제 여론 조사의 얘기로 돌아가 보자. 앞에서 말했듯이 모집단에서 마리안 지지자의 비율은 원인이며, 여론 조사의 수치는 결과에 해당한다. 여기서, 모집단에서 지지자의 비율을 알고 있을 때 여론 조사의 결과가 어느 일정 범위 안에 들어갈 확률은 계산이 가능했다. 다시 말해, 원인이 발생한 것을 알고 있을 때, 그 결과가 발생할 확률을 계산할 수 있다.

아울러 우리가 알고자 했던 것은, 결과에서 원인으로 거슬러 올라가서, 여론 조사의 결과를 이용해서 모집단에서 지지자의 비율이 어느 일정 범위에 들어갈 확률을 계산하는 것, 즉 결과가 발생한 것을 알고 있을 때 그 원인의 확률을 계산하는 것이 가능한가 하는 것이었다. 하지만 그 계산은 포기해야겠다. 사전 확률을 모르는 상태에서 그런 식의 계산을 하는 것은 불가능하다는 사실을 베이즈의 정리에서 배웠으므로.

신뢰 구간이 말하는 것은 무엇일까?

여론 조사 기관에서 마리안 지지자가 75퍼센트로 나왔고, 95퍼센트 신뢰 수준에 오차 범위는 ±2퍼센트라고 발표했을 경우 의미하는 것은 무엇일까? 여론 조사 기관은 모집단에서 마리안 지지자의 비율이 73퍼센트에서 77퍼센트 사이에 들어갈 확률이 100번 중에 95번이라는 식으로 말하지는 않는다. 앞에서 보았던 것처럼 결과에서 원인으로 가는 계산은 할 수 없기 때문이다. 그렇다면 그러한 표현들이 말하는 것은 무엇일까?

앞의 표(33쪽)에서 우리는 모집단에서 마리안 지지자의 비율을 다양한 값으로 놓고, 여론 조사의 결과가 100번 중에 95번 들어갈 가능성이 있는 범위를 계산했다. 여론 조사의 결과가 그 범위 안에 있을 경우, 우리는 그 결과를 두고 모집단 전체에서 마리안 지지자의 비율과 '양립 가능하다' 고 말할 수 있다.

예를 들어, 75퍼센트라는 여론 조사의 결과는 오차 범위가 72.1퍼센트에서 75.9퍼센트에 이르는 74퍼센트 비율과 양립할 수 있는 값의 범위에 포함되므로, 74퍼센트라는 모집단에서의 비율(33쪽 표에서 굵은 글씨로 표시된 부분)과 양립이 가능하다.

만일 모집단에서 마리안 지지자의 비율이 74퍼센트라면, 여론 조사의 결과가 그 비율과 양립할 수 있을 가능성, 즉 72.1퍼센트에서 75.9퍼센트 사이에 포함될 가능성 또는 오차가 ±1.9 퍼센트 이하일 가능성은 100번 중에 95번이다. 따라서 오차가 그 값을 초과할 가능성은 100번 중에 5번이 된다.

여론 조사에서 마리안 지지자가 75퍼센트라는 결과가 나왔을 경우, 앞의 표에서 그 결과와 양립할 수 있는 모집단에서 지지자의 비율은 여러 개가 존재한다. 즉, 73.1퍼센트에서 76.8퍼센트 사이에 포함되는 비율 전부(33쪽 표에서 굵은 선 안에 있는 부분)와 양립이 가능하다. 따라서 73.1퍼센트에서 76.8퍼센트 사이에 마리안 지지자의 비율이 포함된다고 할 수 있다.

그런데 만일 그것이 사실이 아니라고 한다면, 여론 조사에서는 모집단에서의 마리안 지지자의 비율과 양립되지 않는 결과가 나온 것으로 봐야 한다. 여론 조사 전에 허용한 오차보다 더 큰 오차가 발생할 가능성이 100번 중에 5번 미만이 있었기 때문이다. 이때 73.1퍼센트에서 76.8퍼센트에 이르는 그 범위는 확률 $\frac{95}{100}$에 대한 신뢰 구간이 된다.

여기서 주목해야 하는 것은 모집단에서 마리안 지지자의 비율에 대한 범위를 제시한다 해도, 그리고 앞 장에서 그랬던 것처럼 여론 조사의 결과에 대한 범위를 제시한다 해도, 원인이 발생했거나 하지 않았다는 것을 알고 있는 상태에서 결과가 발생할 확률에 관해 말하고 있다는 것에는 변함이 없다는 점이다.

73퍼센트에서 77퍼센트까지 이르는 범위가 $\frac{95}{100}$ 확률에 대한 신뢰 구간이라는 사실에서부터 모집단에서 마리안 지지자의 비율이 그 범위 안에 있을 가능성이 100번 중에 95번이라는 결론을 끌어낼 수는 없다. 왜냐하면 결과를 두고 원인의 확률을 계산할 수 없기 때문이다.

우리가 유일하게 말할 수 있는 것은 모집단에서 마리안 지지자의 비율이 그 범위에 있지 않다면, 여론 조사 전에 허용한 오차보다 더 큰 오차가 발생할 가능성이 100번 중에 5번 미만 있었다는 사실뿐이다.

신뢰 구간이 여론 조사의 신뢰도를 측정하는 수단이라는 것은 맞다. 하지만 신뢰 구간이 말할 수 없는 것을 기대해서는 안 된다.

우선, 베이즈의 정리를 들어 신뢰 구간이라는 개념을 비판할 수 있겠는데, 그 한계를 보여 주고 있기 때문이다. 하지만 베이즈의 정리를 신뢰 구간 개념을 위한 변론으로 볼 수도 있다. 신뢰 구간이 말하고 있는 것 이상을 말할 수는 없다는 것을, 즉 결과에 대한 관찰에서부터 원인의 확률을 계산할 수는 없다는 것을 보여 주고 있으니까 말이다.

수학에서 부정적인 결과가 어떤 개념의 범위를 제한할 때 종종 그런 상황이 만들어진다. 그러한 결과는 문제의 개념이 한계가 있다는 것을 역설하는 동시에, 그 개념을 사용할 때 신중을 기할 필요가 있다는 것을 알려 준다. 더불어 그 한계를 넘을 수 없다는 것, 따라서 그 개념이 말하지 못하는 것도 있다는 것을 알 수 있다.

결국 그러한 사실은 신뢰 구간을 무조건적으로 지지하는 사람에게나 덮어놓고 배척하는 사람에게 아무런 근거가 되어 주지 못한다. 오히려 지나치게 단호한 대립에서 벗어나 현상의 복잡한 성질에 눈을 뜨게 하는 것, 이것이 수학의 또 다른 역할이기도 하다.

3

여론 조사에서
응답자는 어떻게 고를까?

정말 무작위로 응답자를 고를까?

지금까지 우리가 했던 계산에는 몇 가지 가정을 전제로 했다.

일단은 응답자가 무작위로 추출되었다는 점이다. 만일 조사자가 가브로시 선거 사무소 출구에서 여론 조사를 한다면, 그 결과는 선거 결과와 무척 다르게 나올 것이다. 마찬가지로, 전화를 가지고 있는 사람의 수를 알아보기 위한 여론 조사를 전화를 통해 실시한다면, 그 비율은 100퍼센트에 가깝게 나올 것이다.

이와 같은 우스꽝스러운 상황까지 가지는 않는다 하더라도, 무작위 방문 조사를 할 때 노숙자, 청각 장애인, 잠수함 승무원, 높은 산에 사는 양치기, 엘리베이터가 없는 건물 7층에 사는 사람들까지 넣기란 매우 어려운 일이다.

정말로 응답자를 완전히 무작위로 선택하려고 한다면, 인구가 6,000만 명인 나라에서 여론 조사를 할 경우 그 나라 국민 한 명 한 명에게 1부터 6,000만까지 번호를 매겨 놓고, 거기서 2,000개의 번호를 무작위로 뽑은 다음 그 2,000명의 사람들을 찾아서 질문을 해야만 할 것이다. 그런데 이 방법은 모집단의 크기가 아주 작다면 모를까, 너무 많은 비용을 지불해야 한다.

그래서 여론 조사 기관은 일반적으로 **할당 표본 추출**(Quota Sampling)이라는 방법을 사용한다. 응답자 가운데 남성 비율은 얼마, 여성 비율은 얼마, 청년층 비율은 얼마, 노년층 비율은 얼마, 빈곤층 비율은 얼마, 부유층 비율은 얼마 등등과 같은 식으로, 해당 집단마다 일정 비율이 포함되도록 응답자를 구성하는 것이다. 물론 이러한 제약 역시 선택이 정말 무작위로 이루어진다면 자동적으로 확보될 것이다.

어쨌든 할당 표본 추출 방법은 응답자가 특정 사회 계층에만 지나치게 몰린다거나 반대로 제외되는 경우를 피할 수 있게 해 주는 안전 장치가 되어 준다.

때로는 할당 표본 추출이라는 방법이 무작위로 추출하는 것보다 더 좋은 결과를 낼 수도 있다. 예를 들어, 4명 중의 3명은 가난하고 1명은 부자인 나라에서 가난한 사람들은 모두 특정한 한 후보에게 투표하고, 부유한 사람들 역시 모두 다른 한 후보에게 투표한다고 해 보자. 이때 $\frac{3}{4}$ 은 빈곤층을, $\frac{1}{4}$ 은 부유층을 대상으로 한 선거 여론 조사는 선거 결과와 같게 나올 것이다. 이러한 경우 가난한 사람 3명과 부자 1명으로 이뤄진 단 4명의 응답자에게 물어보는 것만으로 충분할 수도 있다. 그야말로 할당 표본 추출이 유용한 경우이다.

하지만 안타깝게도 선택된 어떤 사회 계층이 모두 똑같은 투표를 한다는 가설은 지나치게 대담하다. 게다가 조사를 해 보지 않는 한 그것을 확인하기란 불가능하므로 조사하기 전에 덮어놓고 그와 같은 전제를 할 수는 없다. 또한 할 수 있는 모든 대비를 한다 하더라도, 질문을 할 사람들을 선택할 때 어떤 치우침, 즉 편향이 생기는 것을 완전히 피하기란 매우 어렵다.

그러한 편향이 생기는 것이 불가피한 경우에는 때론 편향을 계산해서 바로잡기도 한다. 이때 발표되는 숫자는 여론 조사의 결과 그대로가 아니라, 약간 달라진 숫자다.

우리는 대통령 선거 때 마지막 투표소의 투표가 끝난 저녁 6시가 얼마 지나지 않아서 라디오와 텔레비전에서 투표 결과 예측을 발표하는 것을 볼 수 있다. 이 예측은 낮 2시에 이미 선거가 끝난 시골 지역 투표소의 개표 결과에 근거를 둔 것으로, 그러한 부분적인 개표를 여론 조사로 고려하는 것이다. 하지만 이때 모든 응답자가 시골에 살고 있기 때문에 그로 인한 편향이 생기게 된다.

그래서 여론 조사 기관은 시골 지역 투표와 도시 지역 투표 사이의 차이에 대한 사전 지식(이를테면 이전의 여러 선거에서 얻은 지식. 물론 그 역시 완전한 지식은 아니다.)에 근거해서 그 편향을 바로잡으며, 그렇게 해서 시골 지역 투표소 개표 결과보다 더 정확한 예측을 발표한다.

4

여론 조사에서 응답자들은
진실만을 말할까?

응답자들이 정말 진실만 말할까?

앞에서 했던 계산에 깔려 있는 또 다른 가정은, 응답자가 진실을 말한다고 보는 것이다. 그러나 불성실한 조사원이 설문지를 직접 작성하는 경우까지는 들먹이지 않는다 해도, 응답자들이 속이거나 거짓말을 하는 일은 얼마든지 있을 수 있다.

선거 전 여론 조사를 예로 들어 보자. 선거에는 다소 튀는 후보들이 나오게 마련이다. 옳건 그르건 간에 보수적인 후보들한테 불만이 많은 유권자들은 그런 후보들에게 호감을 갖기도 한다.

그런데 그 유권자들 중 몇몇은 여론 조사에서는 튀는 후보들 중 한 명에게 투표할 거라고 말해 놓고, 실제 선거에서는 마음이 달라져 다른 후보를 뽑기도 한다. 사실 한편으로는 튀는 후보가 당선되는 것을 바라지 않기 때문이다.

여론 조사에 응답하는 것은 투표를 하는 것에 비해 책임이
덜 따른다. 그래서 답변하는 데 훨씬 더 자유롭다. 마찬가지로,
선거가 있기 전에 이루어진 여론 조사에서 응답자가 말한 답변
이 최종적으로 하게 될 실제 투표와 동일하다고 가정을 하는
것은 위험하기 이를 데 없다. 그때는 모든 후보가 제대로 알려
져 있지도 않거니와 선거 운동도 시작되지 않았을 상황이기 때
문이다.

응답에 나타난 거짓말을 잡아낼 수 있을까?

그와 같은 문제에 직면했을 때, 우리는 수학을 통해 그러한
오류와 거짓말을 어느 정도 찾아낼 수 있다. 그리고 몇몇 경우
에는 오류를 바로잡을 수도 있다.

사과 도둑을 찾고 있는 경찰관이 있다고 하자. 그가 용의자
를 취조할 때 용의자의 진술이 참인지 거짓인지 알아내는 방법
에는 두 가지가 있다.

하나는 실제 사실과 그의 진술을 대조해 보는 것이다. 예를
들어, 용의자가 도난 사건이 발생한 시각에 영화관에 있었다고

주장하면서 알리바이를 내세울 경우, 그를 영화관에서 본 적이 있는지 없는지 증인들에게 물어보면 된다.

그런데 때로는 용의자의 진술을 실제 사실과 대조할 필요가 없는 경우도 있다. 이를테면, 용의자가 사건 시각에 어떤 장소에 있었다고 진술했다가 나중에는 또 다른 장소에 있었다고 번복할 경우 말이다. 그 경우, 용의자의 진술 중 적어도 하나는 거짓이라는 게 분명해진다.

또한 공범으로 의심되는 두 용의자를 따로 취조할 경우, 두 사람이 서로 일치하는 진술을 할 수도 있지만, 한 사람은 사건 시각에 영화관에 갔다고 하고, 다른 한 사람은 장터 축제에 갔다고 하면서 서로 엇갈리는 주장을 할 수도 있다. 그렇게 되면 두 용의자가 함께 그려낸 이야기는 앞뒤가 맞지 않게 된다.

앞뒤가 맞지 않는 이야기는 항상 거짓이다. 반면에 앞뒤가 맞는 이야기의 경우 참일 수도 있고 거짓일 수도 있다. 물론, 수학을 통해 우리가 찾아낼 수 있는 것은 이야기에서 앞뒤가 맞지 않는 부분이다.

앞뒤가 맞는 이야기에서 거짓을 찾아내는 것은 수학이 감당할 수가 없다. 하지만 앞뒤가 맞지 않는 것만 찾아낸다고 해도 벌써 많은 오류와 거짓말을 찾아낸 셈이다.

실제로, 두 사람의 공범이 따로 취조를 받을 경우, 서로 모

두 사람의 공범이 각각 다른 장소에서 취조를 받을 경우 거짓말은 쉽게 탄로가 난다.

순되지 않는 거짓말을 하기란 매우 어렵다. 그렇게 하려면 경찰관에게 들려줄 이야기의 세세한 부분 하나하나까지 서로 입을 맞춰 놔야 하니기 때문이다.

여론 조사에서 한 사람이 개인적으로 앞뒤가 맞지 않는 답변을 하는 경우는 드물지만, 다른 응답자들끼리 서로 모순되는 말을 할 수는 있다.

그런데 사과 도둑의 예에서처럼 명백한 모순이 여론 조사에서 참인 것처럼 넘어가게 되는 경우도 드물다. 통계적으로 앞뒤가 맞지 않는 것, 즉 터무니없지는 않지만 거의 그럴 것 같지 않은 결과는 분석을 해 보면 드러나게 되어 있다.

통계적인 모순은 왜 생길까?

통계적인 모순이 심심찮게 나타나는 사례 중 하나가 성적인 문제에 관한 앙케트다. 1993년, 프랑스에서 성에 관한 조사를 하면서 응답자들에게 최근 5년간 성 관계를 했던 상대편 성 파트너의 숫자에 대해 질문을 한 적이 있었다. 그런데 놀라운 결과가 나왔다. 여성들은 지난 5년간 평균 1.6명의 파트너가 있었다고 답한 반면, 남성들은 그 두 배에 가까운 2.9명이 있었다고 답한 것이다.

그 기간 동안 성 관계를 가졌던 남성 1명과 여성 1명으로 이루어진 커플의 수를 n이라고 할 때, 남성이 관계를 한 파트너 평균 숫자는 n을 전체 인구 중 남성의 숫자로 나누면 나오고, 여성이 관계를 한 파트너 평균 숫자 역시 n을 전체 인구 중 여성의 숫자로 나누면 나온다.

인구에서 남성의 숫자와 여성의 숫자는 거의 동일하기 때문에, 파트너의 평균 숫자도 각각의 성에 대해서 같다고 봐야 한다. 따라서 그 설문 조사는 남성과 여성에 대해 비슷한 결과가 나왔어야 정확한 것이다.

그 결과에 차이가 있었던 이유는 여러 가지 방식으로 설명할 수 있다.

첫 번째 가설은, 응답자를 추출할 때 편향이 있었다고 보는 것이다.

예를 들어, 조사를 실시한 측에서 응답자 가운데 매춘부가 거의 포함되지 않았을 가능성이 있음을 인정할 경우, 그것을 편향의 원인으로 볼 수 있다. 하지만 그런 편향만으로는 결과가 그렇게 큰 폭으로 차이가 나는 것을 설명하기에는 충분하지 않다.

두 번째 가설은, 조사에 응한 남성들이 마침 성적으로 아주 매혹적인 사람들로만 있었다거나, 아니면 조사에 응한 여성들이 마침 정조 관념이 몹시 투철한 사람들로만 있었다고 보는 것이다. 하지만 이 역시 너무 억지스러운 감이 있다.

가장 그럴 듯해 보이는 것은 세 번째 가설인데, 질문에 답을 했던 사람들이 진실을 말하지 않았다고 보는 것이다. 이러한 가설은 앞의 조사 응답자들에게 지금까지 살아오면서 성 관계를 가졌던 파트너 전체 숫자는 몇 명이냐고 물어본 조사에서, 여성들의 대답은 3.4명이었던 것에 비해 남성들의 대답은 그 세 배나 많은 11.3명이라는 엄청난 차이를 보였다는 사실에 의해서도 한층 더 힘을 얻는다.

그러한 조사에서 응답자 한 명 한 명을 놓고 보면 앞뒤가 맞지 않는 말을 한 사람은 아무도 없다. 다른 응답자들끼리도 서로 명백하게 모순이 되지는 않는다. 그리고 그 결과를 다른 여론 조사 결과와 대조한다고 해도, 응답자들이 사실과는 다른 것을 말했다고 확신하기란 불가능하다. 응답자들의 진술에서 끌어낼 수 있는 시나리오가 정말 가능할 수도 있기 때문이다.

그처럼 앞뒤가 맞지 않는 결과가 나왔을 때, 부정확한 답변을 식별해 내고 결과를 바로잡을 수 있는 경우도 간혹 있다. 그러나 그러한 작업은 대개는 매우 까다롭다.

결과를 바로잡을 수 있든 없든 앞뒤가 맞는지에 대한 분석이 가능하다면, 그것은 여론 조사의 신뢰도에 대한 훌륭한 지표가 된다. 응답자들이 진실을 말하지 않았음이 뻔하게 드러나는 여론 조사는 신뢰할 필요가 없기 때문이다.

5

어떤 여론 조사를
믿을 수 있을까?

좋은 여론 조사와 나쁜 여론 조사의 기준은 무엇일까?

'여론 조사를 믿어도 될까?' 라는 이 책의 제목 때문에 어떤 단정적인 처방이 나오리라 기대했던 독자들도 아마 있을 것이다. '그럼요, 여론 조사를 항상 믿어야 한답니다.' 나 '아니요, 여론 조사는 절대 믿지 마세요.' 와 같은 결론 말이다. 그런데 안타깝게도 그렇게 단정적으로 답을 내리기란 불가능하다.

그렇다면 앞에서 했던 모든 계산을 통해 우리는 어떤 교훈을 얻을 수 있을까?

한마디로 모든 여론 조사를 같은 자루에 담지는 말라는 것이다. 좋은 여론 조사도 있고 나쁜 여론 조사도 있다는 말이다. 따라서 '여론 조사를 믿어도 될까?' 라는 질문보다는 '어떤 여론 조사를 믿을 수 있을까?' 라고 묻는 것이 더 낫겠다. 그 다음에, 좋은 여론 조사라 해도 거기에서 우리가 기대할 수 있는 것은 무엇인가 하는 문제를 생각해 봐야 한다. 그것을 정확히 모르기 때문에 여론 조사에서 선거와 같은 신뢰도를 기대하는 사람에서부터 아무것도 기대하지 않는 사람까지 매우 다양한 반응이 나오게 된다.

우선, 좋은 여론 조사와 나쁜 여론 조사를 어떻게 구별할 수 있을까?

앞에서 우리는 전통적인 기준, 즉 응답자의 수를 모집단 크기와 비교하는 것은 옳지 않다는 것을 살펴보았다. 중요한 것은 응답자의 절대적인 숫자이지, 모집단의 크기에 따라 맞추어진 응답자의 숫자가 아니다.

신뢰할 수 있는, 즉 95퍼센트 신뢰 수준에 오차 범위가 ±2퍼센트인 여론 조사를 얻기 위해서는 2,000명 내지 2,500명에게 물어봐야 한다는 것도 앞에서 얘기를 했다. 따라서 무작위로 추출된 1,000명에게 질문하는 것으로만 그치는 여론 조사는 비판을 받아 마땅하다. 그 경우, 측정하고자 하는 비율이 50퍼센트에 가까울 때 오차가 ±2퍼센트 미만일 가능성은 100번 중에 80번밖에 되지 않으며, 신뢰 수준을 95퍼센트로 회복하려면 오차를 ±3.1퍼센트까지 허용해야만 한다.

신뢰 수준과 오차 범위, 응답자의 절대적인 수, 응답자 추출 방법 등
좋은 여론 조사의 조건을 살펴볼 필요가 있다.

다음으로, 신뢰 구간 없이 결과만 발표하는 여론 조사는 믿을 만한 근거가 없다고 봐야 한다. 그리고 신뢰 구간은 항상 두 가지 숫자로 이루어져야 한다. 허용할 준비가 되어 있는 오차 범위(오차 범위 ±2퍼센트 같은 식으로)와, 여론 조사 결과가 해당 범위에 들어갈 확률을 보여주는 신뢰 수준(95퍼센트 신뢰 수준 같은 식으로)으로 말이다.

그리고 여론 조사의 신뢰도를 평가하기 위해서는 응답자가 어떻게 추출되었는지, 또 그 선택이 정말 무작위로 이루어졌고 모집단을 대표할 만한 표본을 뽑은 것인지도 확인해야 한다. 만일 그렇지 않다면 응답자 선택 방식 때문에 생긴 편향은 어떤 것인지, 그리고 그 편향을 바로잡을 수 있는지를 알아볼 필요가 있다. 끝으로, 응답자가 정확하게 답변을 했는지도 역시 따져 봐야 한다. 이를 위해서 가장 먼저 검토해야 할 것은 응답자들의 답변이 통계적으로 앞뒤가 맞는가 하는 점이다.

그러면 여론 조사에서 믿을 만한 근거가 있다고 말할 수 있을 때는 언제일까? 여론 조사를 실시한 측에서 신뢰 구간을 제시했을 때, 높은 신뢰 수준과 좁은 오차 범위가 확보될 수 있도록 응답자의 수가 충분할 때, 응답자들이 모집단을 대표한다고 볼 수 있을 때, 그리고 답변들이 앞뒤가 맞을 때이다. 그렇지 않은 다른 모든 경우에 대해서는 믿을 이유가 없다고 봐도 된다.

여론 조사에서 무엇을 기대할 수 있을까?

이제 두 번째 질문에 대해 알아보자. 우리가 여론 조사에서 기대할 수 있는 것과 기대할 수 없는 것은 무엇일까?

우선, 여론 조사에서 신뢰 구간이 표시하고 있는 이상의 정확성을 부여해서는 안 된다. 95퍼센트 신뢰 수준에 오차 범위 ±2퍼센트인 경우, 1퍼센트 이내의 정확성을 기대하면 안 된다. 그러므로 그러한 경우 두 후보의 지지율에서 1퍼센트 차이는 큰 의미가 없으며, 한 후보가 이전 여론 조사 이후 1퍼센트의 지지를 더 얻었다거나 잃었다 해도 역시 큰 의미가 없다.

그 다음, 신뢰 구간이 제시되어 있다 해도 그것을 신중하게 해석하는 것이 필요하다. 앞에서도 지적했듯이 여론 조사 결과만 보고 그 원인의 확률을 계산할 수 있기를 기대해서는 안 된다.

예를 들어, 여론 조사에서 마리안 지지자가 75퍼센트로 나왔고 95퍼센트 신뢰 수준에 오차 범위는 ±2퍼센트라는 발표를 했다면, 그것은 여론 조사 결과가 100번 중에 95번 그 범위 안에 들어갈 가능성이 있다는 뜻이다. 이는 모집단에서 마리안 지지자의 비율이 그 범위 안에 들어갈 가능성이 그만큼 있다는 뜻은 아니다.

그리고 베이즈의 정리에서 우리가 배운 대로, 여론 조사의 결과를 해석할 때 결과에서 원인을 끌어내지 않도록 신중을 기해야 하고, 동시에 여론 조사 이전에 가지고 있었던 지식에 근거해서 따져보는 것도 합리적인 방법이다.

사전 확률로는 아주 낮은 득표를 하리라 예상됐던 후보가 여론 조사에서 높은 득표를 얻었다면, 여론 조사에 잘못이 없었는지 의심해 보는 것이 타당하다. 또한 여론 조사 결과를 알고 난 후 그 후보에게 할당되는 잠재적 득표수는 여론 조사 전보다는 높아지겠지만 여론 조사에서 획득한 득표수보다는 낮게 매겨져야 한다.

요컨대, 충분히 높은 신뢰 수준에 폭이 좁은 오차 범위를 보이는 신뢰 구간, 모집단을 대표하는 응답자, 앞뒤가 맞는 결과 등등 모든 조건이 보장되어 있다 하더라도 오차가 원래 허용했던 범위보다 클 가능성은 항상 남아 있는 것이다. 물론 그 가능성은 미미하긴 하겠지만, 그렇다고 제로가 되지는 않는다. 할 수 있는 모든 대비를 한다 해도 여론 조사가 선거와 같을 수는 절대 없다는 얘기다.

여론 조사 결과가 어떻게 나오든 선거를 포기하지 않는 것은 바로 그런 이유 때문이 아닐까?

● 부록 : 이항 분포

마리안 지지자가 $\frac{3}{4}$, 가브로시 지지자가 $\frac{1}{4}$ 인 모집단에서 n명에게 물어보는 여론 조사를 실시할 경우, 응답자 가운데 마리안 지지자가 k명 나올 확률은 기호로 B(n, $\frac{3}{4}$)으로 나타내며 그 계산은 다음과 같다.

$$_n\mathrm{C}_k \left(\frac{3}{4}\right)^k \left(\frac{1}{4}\right)^{n-k} = \frac{n!}{k!(n-k)!} \left(\frac{3}{4}\right)^k \left(\frac{1}{4}\right)^{n-k}$$

여기서 p!는 p 팩토리얼로서 $1 \times 2 \times 3 \times ... \times p$의 수치를 말한다. n을 2, k를 0, 1, 2로 두고 계산을 해 보면, 본문에서처럼 각각 $\frac{1}{16}$, $\frac{6}{16}$, $\frac{9}{16}$ 라는 값이 나오는 것을 알 수 있다. n을 2,000, k를 0으로 두면 $\left(\frac{1}{4}\right)^{2000} = 7.6 \times 10^{-1205}$이라는 값이 나온다. 그리고 n을 2,000, k를 1,500으로 두면 0.0206이라는 값이 나온다. 이는 본문에서 말했던 것처럼 100번 중에 2번의 가능성이 있다는 얘기다. 본문 중에 나온 $\frac{71}{100}$ 이라는 확률은, 여론 조사 결과에서 k가 1,480부터 1,520까지로 나올 확률을 계산한 다음, 그 확률들을 더한 것이다.

1,480	0.0120	1,489	0.0174
1,481	0.0126	1,490	0.0179
1,482	0.0133	1,491	0.0184
1,483	0.0139	1,492	0.0188
1,484	0.0145	1,493	0.0192
1,485	0.0151	1,494	0.0196
1,486	0.0157	1,495	0.0199
1,487	0.0163	1,496	0.0201
1,488	0.0169	1,497	0.0203

1,498	0.0205	1,509	0.0186
1,499	0.0206	1,510	0.0181
1,500	0.0206	1,511	0.0176
1,501	0.0206	1,512	0.0171
1,502	0.0205	1,513	0.0166
1,503	0.0204	1,514	0.0160
1,504	0.0202	1,515	0.0154
1,505	0.0200	1,516	0.0148
1,506	0.0197	1,517	0.0141
1,507	0.0194	1,518	0.0135
1,508	0.0190	1,519	0.0128
		1,520	0.0122
		total	0.71

더 읽어 볼 책들

- 강미은, 『여론 조사 뒤집기』 (개마고원, 1997).

- 선우동훈 · 윤석홍, 『여론 조사』 (커뮤니케이션북스, 2005).

- 이성용, 『여론 조사에서 사회 조사로』 (책세상, 2003).

- 다니오카 이치로, 양진철 · 김두한 옮김, 『여론 조사의 덫』 (심산, 2004).

- 버나드 코헨, 김명남 옮김, 『세계를 삼킨 숫자 이야기』 (생각의나무, 2005).

논술·구술 시험은 논리적이고 종합적인 사고를 요구한다. 다음에 제시된 문제는 이 책의 주제와 연관이 있는 논술·구술 기출 문제이다. 이 책을 통하여 습득한 과학적 지식과 원리, 입체적이고 논리적인 접근 방식을 활용하여 스스로 문제에 답해 보자.

▶ 주사위를 셀 수 없을 만큼 많이 던졌을 때 나온 점들의 평균값을 구한다면 얼마인가?

▶ 한강에 다리가 11개가 있는데 그 중에 하나를 택해서 하루 종일 지나다닌 차량의 대수를 조사해서 11개의 다리에 전부 통과하는 대수를 구하려고 하는데, 그 표본이 되는 다리를 택하는 방법을 이야기해 보라.

옮긴이 | 김성희

부산대 불어교육과 및 동대학원을 졸업했으며 현재 전문 번역가로 활동 중이다.

민음 바칼로레아 11

여론 조사를 믿어도 될까?

2판 1쇄 펴냄 2021년 3월 30일
2판 5쇄 펴냄 2024년 8월 8일

1판 1쇄 펴냄 2006년 1월 23일
1판 5쇄 펴냄 2019년 4월 8일

지은이 | 질 도웩
감수자 | 박영훈
옮긴이 | 김성희
발행인 | 박근섭
펴낸곳 | ㈜민음인

출판등록 | 2009. 10. 8 (제2009-000273호)
주소 | 06027 서울 강남구 도산대로 1길 62 강남출판문화센터 5층
전화 | 영업부 515-2000 **편집부** 3446-8774 **팩시밀리** 515-2007
홈페이지 | minumin.minumsa.com

도서 파본 등의 이유로 반송이 필요할 경우에는 구매처에서 교환하시고
출판사 교환이 필요할 경우에는 아래 주소로 반송 사유를 적어 도서와 함께 보내주세요.
06027 서울 강남구 도산대로 1길 62 강남출판문화센터 6층 민음인 마케팅부

한국어판 © ㈜민음인, 2006. Printed in Seoul, Korea
ISBN 979 11-5888-773-5 04000
ISBN 979 11-5888-823-7 04000(set)

㈜민음인은 민음사 출판 그룹의 자회사입니다.